JN440979

바람의 꽃

바람의 꽃

초판1쇄 발행 2025년 5월 30일

지은이 김숙자
펴낸이 이길안
펴낸곳 세종출판사

주소 부산광역시 중구 흑교로 71번길 12 (보수동2가)
전화 463－5898, 253－2213~5
팩스 248－4880
전자우편 sjpl5898@daum.net
출판등록 제02-01-96

ISBN 979-11-5979-776-7 03810

정가 10,000원

본 도서는 2025년 부산광역시, 부산문화재단 〈부산문화예술지원사업〉 으로 지원을 받았습니다.

바람의 꽃

김숙자 시집

세종출판사

시인의 말

하늘 정원으로 사계절이 지나간다.
나는 그네 의자처럼 꽃바람에 흔들렸다.
아무도 모르게 세월은 벽돌의 운명처럼 담을 세운다.
나무는 점점 자라 키가 커지고,
나무 그늘 속에서는 나무를 볼 수 없다.
새처럼 높이 날아야 나무를 볼 수 있다.
밤의 바닥을 긁는 소리.
죽음이 오는 소리도 듣지 못하였고,
가는 소리도 듣지 못하였다
생명을 위로하는 봄바람이 소리 없이 걸어온다.
상처의 마디마다 색다른 꽃을 피우진 않았지만,
세월이 가면 푸른 자태가 바람에 살랑거린다.
가지마다 하얀 웃음소리.
마음 가는 대로 답은 정해졌다.
간단하게 생각하자.
세상에서 가장 조용한 소리처럼 꽃잎이 떨어진다.
가장 화려한 날 꽃이 진다.
세월과 나는 두 송이 우아한 튤립처럼 서로 바라보았다.

차례

시인의 말 • 5

1부
영혼의 향기처럼 날아가는 새

바람의 꽃 · 15
달과 함께 걷는 추억여행 · 16
달과의 동침 · 17
절망의 좌표 · 18
환상의 버스 여행 · 20
사랑의 안식일 · 22
시간의 망원경 속에서 춤추는 죽음 · 23
책장의 추억 · 24
밤바다를 산책하는 물고기 · 25
우울증에 걸린 추억 · 26
영혼의 향기처럼 날아가는 새 · 27
절망 · 28
허전한 마음을 다스리는 계명 · 29
겨울 동화 · 30

검은 휘파람 소리 · 31
아름다운 사람을 만날 것 같은 거리 · 32
주인 없는 방 · 33
밤은 강물처럼 흐르고 · 34
수심은 알 수 없는 우울증 · 35
고향 집 · 36
이 천년을 훌쩍 넘긴 소크라테스 철학 강의실 · 37
회전문을 맴도는 세월 · 38
황량한 영혼을 위로하는 엽서 · 39
비슬산 영혼처럼 불타는 참꽃 · 40
밤을 적시는 비 · 41
겨울이 떠난 집 · 42

2부
종이 비행기처럼 새가 날아간다

종이비행기처럼 새가 날아간다 · 45

봄이 온다 · 46

꽃처럼 활짝 피어난 아침 · 47

삼월의 눈동자 · 48

꽃 피는 밤 · 49

석양의 지평선 · 50

가을밤 · 51

가을 단풍 · 52

가을 산 · 53

남풍이 찾아온 겨울날 · 54

추억의 그날처럼 지나간 여름 · 55

겨울 산 · 56

오싹한 겨울이여 안녕 · 57

영원한 이별 · 58

야생화와 나 · 59

따뜻한 겨울 햇살 · 60

이상한 새벽 · 61

봄 햇살과 빗방울 그리고 나비 · 62

낙동강 유채꽃 · 63

함양 상림 공원 · 64

화림동 계곡의 추억 · 65

비화가야 고분 · 66

사랑하는 나의 봄날 · 67

폭풍의 꽃 · 68

장터 국밥집 · 69

북어 · 70

밤바다 · 71

3부
하늘 우물 속으로 날아가는 새

하늘 우물 속으로 날아가는 새 · 75

몰락한 내일을 위해 희생하는 오늘의 헌신처럼 · 76

수도승의 침묵 · 77

누구를 위한 논쟁인가 · 78

현명한 결정의 진실 · 79

부엉이의 노래 · 80

인터넷 관광 · 81

조용한 방 · 82

골목 · 83

나를 유혹하는 여행 · 84

방황하는 날들 · 85

나의 공간, 나의 작은 구둣방 · 86

어머니 · 87

비슬산 석탑 · 88

가벼운 상처 · 89

황혼의 여백 · 90

우울한 추억의 감정 · 91

바다가 영혼의 달집을 태운다 · 92

석양의 원두막 · 93

바다가 꿈꾸는 계절 · 94

해설 | 정영자

자유 그리고 희망,

당차고 간결한 은유의 메시지 · 95

1부

영혼의 향기처럼
날아가는 새

바람의 꽃

아름다운 곡선처럼 꽃이 피었다

안개 속을 걸어가는 풍란
세월의 흔적이 흰 꽃보다 선명하고
바라보는 나의 심장이 짜릿하다
새들은 고운 입술로
향기의 노래를 부른다

길고 외로운 운명의 오솔길
지상에 남아야 할 예언처럼 수탉이 울고
봄바람 같은 나는 영원한 그리움에 취한다

다음 생을 위하여 꽃은
가장 아름다운 형상을 남긴다

달과 함께 걷는 추억여행

황혼의 단풍이 흐르는 거리
가로등이 별빛처럼 눈을 뜨고
빌딩 창문마다 기침 소리 같은 불이 켜진다

허공에 동그란 달
지상의 밤은 천국의 카페처럼 문을 연다

날씬하고 매력적인 술잔이
향기로운 탁자를 바라본다
엉켜버린 매듭처럼 풀어야 할 사연이
은주전자를 채우고
여린 감정은 행복한 파전처럼 고소하다

누구에게든 들려주고 싶은 이야기
무거운 가방처럼 마음을 열어 이것저것 나누면
은하수의 밤은 부드러운 물결처럼 밀려오고
추억이 불빛 사이를 걸어 다닌다

집으로 돌아가는 외로운 달처럼
인생은 추억여행의 일기를 쓴다

달과의 동침

지난밤 우리는 전투 같은 치열한 논쟁을 했다

달의 목소리처럼 구겨진 맥주 캔과
절망처럼 흩어진 오징어 파편이 열변을 토했다

살아야 할 흔적이 남은 사람은 쉽게 죽지 않는다

열어 보고 싶은 인생은
상상력을 유혹하는 선물 상자처럼 아름답다

술 취한 욕망이 시든 배추처럼 잠들고
창조의 쇠사슬처럼 차가운 비가 온다

벼락 맞아 죽은 대추나무처럼 파란 새벽
기적 같은 새싹이 돋는다

절망의 좌표

바다로 가자

환상의 수평선 경계 넘어
흰 꽃처럼 피어나는 뭉게구름
황량한 바다 벌판 위로
무정한 이정표처럼 돌고래가 튀어 오른다

외로운 배처럼 바다로 가자

무서운 샛별의 항로
돌무더기처럼 넘실대는 검은 물결
차가운 북소리처럼 밀려오는 새벽

책상 서랍을 잠그고
비둘기 창문은 열어 두고
술병과 유리잔에
두꺼운 키스를 남기며
바다로 가자

외딴 섬 이어도 찾아가는
물의 오솔길처럼

사랑이 걸어가기엔 협소한
절망의 좌표

코스모스가 졸고 있는
싸늘한 오후의 꿈처럼
이제 그만 바다로 가자

환상의 버스 여행

버스는 황새처럼 여행한다

나는 할 일 없는 자리에 앉아
나비처럼 무심해진다

황톳빛 종이에 그린 동양화처럼
의젓한 소나무 마을 지나
바람둥이 대숲 마을이 소란하다

고개 넘어 계절의 품속에서 나타나는
사람의 마을은 귀여운 인형처럼 간지럽다

초원은 동화의 풍경처럼 평화롭다

풍성한 나무 같은 실존의 현재를 바라보며
주인 없는 생각은 소란한 참새떼처럼
경험의 추억을 몰고 왔지만
나는 있는 대로 바라본다

풍경은 쉽게 나를 버리고 떠나며
새로운 그림이 물고기처럼 나타난다

신비로운 환상이 석양의 강물처럼 흘렀다

나를 지켜보는 조용한 신의 눈동자처럼
환상을 그저 바라보았다

사랑의 안식일

로즈메리 정원
샤프란 바람이 손님처럼 찾아왔다

분홍 향기가 식탁을 준비하는
일곱 번째 날

평화로운 호수처럼 마음은 조용하고
돌처럼 행복한 침묵

노동의 터널을 지나온
차가운 영혼을 위한 축복

오늘은 햇살의 바람을 마시는
생명의 휴일

맨발의 천국이 신의 정원을 산책한다

시간의 망원경 속에서 춤추는 죽음

앙상한 침묵
검은 나뭇가지 속에 잠든 겨울밤

흰 장미 같은
허공의 달

망각의 돛을 펼친 구름

별의 눈물이 떨어져
차가운 구슬처럼 깨진다

싸늘한 냄새

시간의 유리창에 금이 가는 소리
스스로 치유할 수 없는 상처는
죽음이 두렵다

겨울 산이 하얀 눈을 뜨고 있다

책장의 추억

나의 사랑 나의 보물
지식의 탑처럼 쌓아 올린 나의 자랑

책장은 늙은 학자의 병풍이 되어
무당처럼 쓸쓸한 과거를 지킨다
저자는 이미 오래전 죽었고
책은 박제된 짐승처럼 남겨졌다

녹슨 동전 같은 여운이 먼지처럼 쌓였다

금박으로 밑줄 친 책에는
여전히 이해하지 못한 문장이 남아 있다
충실하게 공감하지 못한 허전한 감정이
미안한 커피 자국처럼 번져 있다

화려한 출신 성분의 감탄 속에
한 시대를 방탕하게 즐겼던 책은
다시 한번 싱싱한 교감을 구걸하며
돌아오지 않는 차례를 기다린다

밤바다를 산책하는 물고기

소리 없이 날아온 까마귀처럼
잔잔한 물결

순수한 밤의 살결이
비단처럼 부드럽다

달의 가지 위에
요정의 새들이 잠들고

아름다운 향기는
어둠 속을 흘러 다닌다

처음처럼 아무것도 없는 바다

상상의 심연에 잠기는 운명의 눈동자처럼
물의 야생마가 수평선을 달린다

우울증에 걸린 추억

마침내 어머니의 사랑은 순교했다

오후는 침묵처럼 성스러워지고
이름 없는 슬픔이
영혼의 빈 항아리를 채운다

손님처럼 우울증이 찾아왔다

송이송이 하얀
빗방울의 꽃을 들고 있다

시들어가는 초점 없는 눈동자
푸른 냉기가 꽃을 맴돈다

목적 없는 권태
철조망 같은 미소에서 흐르는 향기

한 맺힌 추억은 자신을 학대한다

동백꽃 노을이
향기 없는 피를 흘린다

영혼의 향기처럼 날아가는 새

서쪽으로 새가 날아간다

멀리멀리
까마득히 사라지는 별빛 천사처럼
작아져 간다

가방 하나 없이
반지 목걸이도 없이
호주머니 속에 동전 한 닢 없는

순수한 새가 날아간다

흰 그림자마저 사라지고
솜털 같은 추억 하나 남겨 놓지 않았다

후회 없는 새가 날아간다
나는 안개처럼 서러웠다

절망

낡은 의자처럼 심심한 가난이
할 일 없이
텅 빈 골목
무료한 공간을 바라본다

세월의 화두처럼 머문 눈길이
꽂히는 곳에
졸고 있는 고양이

천박한 희망의 허기가
큰길을 누빌 때
나타나는
일몰의 낯선 공허함

궁핍한 석양처럼 빛나는
좌절의 수치

우아한 가난이
볼품없는 부를 바라본다

허전한 마음을 다스리는 계명

마음이 민들레 씨앗처럼 흩어진다
공허한 불만의 가시 같은 투정
떼쓰는 아이를 바라보는 엄마처럼
담담한 영혼이
정오의 간식을 준비하는 사이

산바람처럼 차가운 지혜가 정신을 깨운다
예언의 채찍처럼
그렇구나
죽음 속의 오아시스
생명의 물
백만 년의 비밀
잿더미 속에 핀 희망의 꽃처럼 조용히
나뭇잎을 무성하게 키워야겠다
결과를 예측하지 않는 강물의 노력처럼
튼튼하게 흘러가야겠다
밥그릇을 가득 채워야겠다
죽고 싶지 않다면

겨울 동화

새들의 마을에 내리는
눈꽃 향기

눈 덮인 들판
검은 오솔길이 시냇물처럼 흐르고

사랑은 수도승처럼 걸어간다

어린 새들이
시끄러운 논쟁을 벌이며
눈 쌓인 가지에 빼곡히 앉아 있다

순결한 백지에 적힌
감동적인 문장처럼
생명의 겨울이 행복하다

눈밭에 찍힌 낙관 같은 동그란 태양
완전한 기쁨처럼 하얀 겨울이 웃는다

검은 휘파람 소리

욕망 없는 늑대가 어둠을 배회하고
달빛 장미는 속절없이 예쁘기만 하다

새들도 잠든 보름달 연못
산책하는 구름처럼 밀려오는 생각

생각은 강철 사슬처럼 이어지고
유령의 모자처럼 나타나는 저것은 무엇일까
검은 휘파람 소리
무엇을 유혹하고 있을까

철새가 십자가처럼 날아간다

열두 마리 양을 몰고 가는 목동의 밤
이제 그만
파란 이끼처럼 잠들고 싶다

아름다운 사람을 만날 것 같은 거리

낡은 책을 읽듯이 오래된 거리를 걷는다
운명의 나무가 자라는 아름다운 길이었다

나의 희망은 거리에서 태어나
하염없이 흘러가는 길 위에서 죽었다

푸른 가로수처럼 상처 없는
젊은 날의 감정을 늙은 연인이 되어 만난다

에델바이스처럼 피어 있는 목로주점
살아남은 것만으로도 기쁜 인연

잃어버린 쪽지처럼 남겨진 간판이
어색한 얼굴로 미소 짓는다

나는 부끄러워 고개를 숙였다

주인 없는 방

잠든 유령처럼 음침한 방

침침한 시력을 가진 가구들은
구석을 차지했다

칼날 같은 햇살이 소리 없이 들어왔다

가죽 소파와 책장이 놀라
동그랗게 눈을 떴지만
아무도 입을 열어 소리 내지 않았다

먼지 같은 침묵
오래된 주인의 향기가
하얀 눈송이처럼 쌓여 있다

모든 것이 제 자리에 있으면서
아무것도 없었다

밤은 강물처럼 흐르고

장난감 기차처럼
동그랗게 맴도는 시간을 타고
사랑도 동그란 이별을 한다

원점으로 돌아온 시간은
성숙한 연인이 되어
어린 눈물을
그리운 못난이라 부르며
따뜻한 손을 잡는다

인연의 반지는 동그란 약속을 한다

다시 만날 행복을 정하지 않아도
영원한 이별은 없다

수심은 알 수 없는 우울증

날이 흐리고 새가 날아간다

지푸라기 소리 하나 없는
적막한 공간
달의 영혼이 창문을 연다

호수는 슬픔처럼 우울하다
안개의 물속으로
도끼처럼 침몰하는 파란 감정

절망을 쫓아가는 노랫소리
길과 표지판은 보이지 않았다

수심은 아무도 모른다
아마 허공인지도 모른다

희망의 새를 그리워하는 상상을 한다

고향 집

좁은 황토방
귀뚜라미 노래 같은 냄새

영혼 없는 낙엽 같은
침묵의 벽
동그란 눈을 뜨고 있는
가족사진 한 장

단단한 뼈처럼 드러난
오래된 마루가
할머니처럼 햇볕을 쬐고 있다

마당에 홀로 핀 민들레
어린 추억이 봄바람처럼 춤추고

뒤돌아보지 않는 봄을 쫓아가는
저 휘어진 오솔길이 무섭다

이 천년을 훌쩍 넘긴
소크라테스 철학 강의실

모래에 묻힌 바다의 사체
무정한 아름다움

사막에서 목이 마르다
바다에서 목이 마르다

사막엔 오아시스가 있고 바다엔 섬이 있다

마지막으로 손을 잡아 보자
슬퍼지도록

광활한 하늘
나는 구름처럼 머문다

부드러운 물결처럼 슬픈 바다를 바라본다

회전문을 맴도는 세월

봄여름가을겨울과
빨간 마녀가

다섯 마리 비둘기처럼
머리를 맞대고 모의를 한다

재미있는 삼각형 웃음소리
신기한 마법의 시간이
커다란 원을 그리며
싱싱한 나의 계절을 가두어 버린다

겨울처럼 허전한 공간
나는 불 꺼진 가로등처럼
절망을 더듬거렸다

이제 눈밭의 매화처럼
태양의 길을 찾아
막막한 나의 영토에 씨를 뿌린다

황량한 영혼을 위로하는 엽서

화려한 지중해
푸른 물이 뚝뚝 떨어지는 풍경

시원한 낭만
물고기 소금처럼
쌉쌀한 사랑을 너에게 보낸다

황홀한 미소와 함께
따뜻한 목소리가 적혀 있다

어둡고 차가운
우울한 책상에서 빛나는 엽서

설명되지 않는 허공의 마법처럼
현명한 너의 선택이 만든 놀라운 광경

나의 창을 두드리는 비바람은
북풍의 영혼처럼 차갑다

수많은 풍경을 감추고 있는 세월의 공간
행복한 너의 선택은 나의 희망을 자극한다

비슬산 영혼처럼 불타는 참꽃

하늘로 가는
야곱의 사다리*

꽃이 산을 오른다

구름 속
하늘 정원
날아오른 새들처럼
참꽃 무리
하염없이 허공을 오른다

꽃이 불탄다
빨간 영혼처럼 불타오른다

바람이 분다
드넓은 하늘 지붕 아래
꽃바람 분다

나비가 된 나의 꽃바람 분다

*야곱의 사다리 : 천국의 계단

밤을 적시는 비

검은 유리창에 흘러내리는
물의 상처

나뭇잎을 걸어가는
물방울

비는 대나무 숲에 잠든 새처럼
감정이 없다

한숨처럼 밀려오는 침묵의 향기

영혼의 창문을 두드리는
천사의 눈동자 같은 물방울

열쇠를 잃어버린 문 앞에서
비를 맞고 서 있는 슬픔이
사막의 밤처럼 외롭다

겨울이 떠난 집

부끄러운 소문처럼
겨울은 몸뚱이 하나 홀랑
철새 그림자 남기고 떠났는데
빈집에 남아 있는 미련한 찬바람

발이 시리다

습관처럼 좌절하는 나무가
차가운 죄인이 되어 눈을 감는다

황혼은 남쪽으로 흘러갔다

겨울이 저질러 놓은 무거운 참회처럼
죽음과 마주 보는 창문이 소곤거리는
눈 덮인 골목

아직 저희를 잡아먹지 않은 하늘 속으로
굶주린 까마귀 두 마리 날아간다

2부

종이 비행기처럼
새가 날아간다

종이비행기처럼 새가 날아간다

하늘에게 푸른 편지를 쓴다

북쪽으로 간 새들의 안부를 묻고
구름 정원의 그리움을 전한다

파란 물방울을
보고 싶다는 소식

혹시 남풍을 보거든
인사를 전해달라고 부탁한다

잊을 수 없는 라일락 연정 같은 붉은 향기
너의 사랑을 보고 싶다는 편지를 쓴다

호수가 보이는 언덕에서
함께 아름다웠다는 사연을 적는다

봄이 온다

이상한 봄날
철없는 함박눈처럼
민들레가 펑펑 피고
파란 향기
바람이 분다
가벼운 기쁨이
뭉게구름처럼 밀려왔다
화려한 아침 햇살
해바라기처럼 멋진 미소
산은 메아리처럼 웅장하고
나무는 보이는 것보다 위대하다
구름 언덕 지나는 새가
하늘 이정표를 그린다
나무 손가락 마디마다
향기로운 꽃이 핀다

꽃처럼 활짝 피어난 아침

청량한 새들의 노래가 창문을 열고
선물처럼 날아온 아침은 신선하다

예정된 바다처럼 펼쳐지는 하루
저녁은 내가 선택한 아름다운 노을이 된다

행복은 흰말을 타고 푸른 들판을 달린다
슬픔도 억울한 말을 타고 나란히 달렸다

광활한 밀밭 도서관
오늘도 나는 한 권의 책을 꺼내
영광의 장면을 펼쳐 본다

내가 열어 보지 않는 한 존재하지 않는 거기
무지개처럼 빛나는 사랑이 있다

삼월의 눈동자

사과 향기처럼 흩어지는
푸른 바람

하얗게 무서운 겨울 허공
싱싱한 경계선 넘어

철새처럼 날아오른
설산의 눈동자

구름 사막을 걸어가는
낙타의 문양처럼 신비롭다

들에는 햇살의 몸살 같은
사랑이 아롱거리고

찰랑거리는 방울 소리처럼
꽃이 핀다

꽃 피는 밤

망고 주스처럼 부드러운 밤

분홍 창문
달의 북소리 같은
꽃이 핀다

꽃은 나비처럼 희다

눈 부신 등불처럼
우아한 달과 꽃

화려한 생명의 중심에서
사랑이 빛난다

나무는 스스로 번영을 누리는
천사처럼 눈을 뜬다

석양의 지평선

은은한 하늘 목소리
불타는 축제의 노래

새들은 희망의 남쪽으로
날아올랐다

싱싱한 지상의 하루
순수한 열정, 물방울, 시냇물

푸른 촛불처럼 서 있는 들판의 나무
풍요로운 식탁, 밀알, 국화

땀방울 흩날리는 밀밭
유쾌한 노동, 개미, 풍뎅이

향기로운 들국화 언덕 넘어
가을이 걸어간다

가을밤

은팔찌처럼 남겨진 달
외로운 바람이 수정처럼 차갑다

순결한 별이 이슬처럼 내리고
물방울 꽃이 핀다

밤을 잊은 사랑은
나무 그림자처럼 손을 잡는다

어둠마저 잠들고
나뭇잎을 스치는 바람의 노래

맑은 종소리처럼 하얀 밤
십자가처럼 성스러운 감동이 밀려오고

별빛 가득한 검은 수채화 속에
사랑의 가로등 홀로 빛난다

가을 단풍

화려한 여왕의 결혼식 같은
오색 낙엽이 흩날리고

아름다운 가을이
왕처럼 걸어왔다

황금빛 호수 위로
왕가의 천막처럼 펄럭이는 황혼

물속 나뭇가지의 새들이
초대받은 동화 속 이야기처럼 지저귄다

무거운 나무 향기
비단결 같은 단풍 메아리

철새의 행렬이
조용한 시냇물처럼 흘러간다

가을 산

여름이 떠난 은행나무 아래
제물처럼 바쳐진 매미
푸른 메아리가 빈 항아리처럼 울린다
앙상한 골짜기가 깊은 눈을 뜨고
목소리 예쁜 폭포를 바라본다
하늘로 가는 가파른 바위
실핏줄 같은 오솔길
조용한 풍경의 미소가
어둠을 밝히는 시의 램프처럼 심지를 올린다
풍요로운 여름날
잔인한 칼의 상처처럼
절벽에 집을 지은 나무들이 위태로워 보인다

남풍이 찾아온 겨울날

밀크티처럼 아름다운 남풍이 불고
차가운 쇠사슬이 끊어진 날

기분 좋은 상상처럼
새들이 날아오른다

따뜻한 감정이
동그랗게 날아간다

노예의 문신처럼 어두운 희망이
창문 넘어 날아올랐다

마녀는 낮잠의 꿈속에 빠진
상쾌한 오후

포근한 감각의 풍경 속에
하늘 끝까지 날아오른
다섯 마리 새가 하늘 문을 연다

추억의 그날처럼 지나간 여름

용감한 여름이 밀밭을 지나가던
태양의 웃음소리

바람의 기억 속에 살아있던 화려한 날은
축제가 끝난 장터처럼 비었다

행복한 망각이 잡초처럼 무성하다

동그란 그리움처럼
깊은 우물로 내려간 영혼은 돌아오지 않았다

가을 술잔을 바라보는 목마른 포도송이처럼
무정한 여름이 간다

겨울 산

태양의 눈동자가
차가운 공간을 움켜쥐고 있다

낮달이 애처로운 얼굴로
벌거벗은 풍경을 바라본다

산은 눈 덮인 장승처럼 서 있다

닫힌 것도 열린 것도 아닌 그 산으로
새 한 마리 날아가지 않았다

무서운 고독이 흰 바람처럼 불었다

죽음이 폐품처럼 버려질 수 없다
허전한 풍경 속으로
이해할 수 없는 메아리가 퍼진다

오싹한 겨울이여 안녕

만취한 난봉꾼처럼 밤새
차가운 행패를 부리던 눈보라 북풍

찢어진 낙엽처럼 골목에 잠들었다
맑은 햇살이 이불처럼 덮여 있다

작은 새 날아가며
휘파람 불면
살얼음 같은 햇살이 깨진다

미루나무 높은 가지에 앉은 까마귀

뒷산 넘어 멀어져가는 겨울을
고양이처럼 바라본다

영원한 이별

사랑이 허공을 날아간다

화려한 계절
빨간 꽃의 신화가 태어나고
사랑에 취한 바람이 불었다

후회의 날을 기약하는 숨겨진 예언이
나비처럼 햇살의 왼쪽 어깨에 앉는다

하늘 손수건처럼 흰 바람이 불었다

이별은 잘린 나무처럼 간단했지만
그 이후 오랫동안
사랑의 반지가 빠진 수심보다
깊은 그리움이 꽃을 피웠다

야생화와 나

건강을 지키는 겸손한 밥상처럼
나의 존재를 위한 존중은
보리밥 한 그릇 정도의 가치면 충분하다
그 외는 허영의 사치
골목에 쏟아지는 이름 없는 햇살마저
공평한 나누기를 위해 노력한다
양지의 포만과
음지의 저주라는 흉악한 생각은
왕의 식탁에서 노래하는 앵무새
다정한 꽃이여
꽃다운 너를 지켜라
우리는 향기처럼 빛나는 사랑일 뿐이다
사람은 무너지지 않는 탑을 세운 적이 없다

따뜻한 겨울 햇살

차가운 선물 같은 햇살이
눈밭 위로 쏟아진다
삶과 죽음 사이 방문이 열린다
절망의 공터
희망을 적는 편지처럼
연인을 기다리는 앙상한 나무
손가락이 조각처럼 아름답다

새들은 햇볕의 낮잠에
눈이 감긴다
절망의 여정이 휴게소처럼 멈추고
희망은 기지개를 켜는 날

차가운 유령 같은 겨울 속에도
늘 험악한 상상만 있는 것은 아니다

이상한 새벽

파란 어둠
녹슨 구름

얇은 유리처럼 깨어나는 하늘

사월의 치맛자락 같은 정원이
졸음에 겨운 강아지처럼 눈을 뜬다

싱싱한 새벽 요정은
따뜻한 장작불과
부드러운 향기 사이로
빵을 굽는다

생명의 향기를 찾아온
허공 같은 하루가
화려한 문을 연다

봄 햇살과 빗방울 그리고 나비

햇살의 파도를 타고
흰 눈처럼 날리는 가랑비

어린 소녀의 우산처럼
나비는 보슬비 사이를
어쩜 저토록 예쁘게 날아다닐까

화려한 비와 함께 춤추는
생명의 여운이
메아리처럼 퍼진다

나뭇가지 사이
비를 피해 돌아가는
요란한 왕벌의 비행

기다리는 사람 없는
차이콥스키의 창문처럼 떨린다

낙동강 유채꽃

분홍 향기가 물새처럼 날았다

밀밭을 지나온 구름은
꽃잎 같은 물방울 날린다

강물은 나비의 목소리로
바람의 노래를 불렀다

푸른 갈대가 일어서고
잠자리처럼 신이 난 물결

강변 유채꽃이
노란 요정의 합창처럼 춤춘다

태양의 잔을 든
달의 신부
사랑에 젖은 꽃

우아한 물결 타고
해바라기처럼 흘러간다

함양 상림 공원

넓고 넓은 신라 하늘
동쪽으로 환상의 파도가 몰려가고

모래시계 창문 넘어
구름은 처용의 얼굴을 그린다

강을 따라 달려온 푸른 상림열차
코스모스 마을에 멈추었다

초가집처럼 커다란 가시연 사이
황토 골목 돌아서면
아련한 시선으로 나를 바라보는
분홍의 꽃

사랑의 연정이 문을 여는
고향의 붉은 가을처럼
전설 향기가 복사꽃을 맴돈다

화림동 계곡의 추억

선비의 문장은 물처럼 흘렀다

나비처럼 자유롭고 부드러운 물줄기
격류의 계곡에 이르면 몸부림치는
힘찬 용맹이 물보라 날린다

은밀한 향기
따뜻한 남풍의 연서처럼 남겨진 거연정

물 깊은 바위에 앉아
세월의 풍류는 말없이 바라본다

침묵의 불길처럼 타오르는 물과 바위
흐르는 물처럼 남겨진 문장

물의 계곡을 방황하는
바람의 비밀이 나를 유혹한다

비화가야 고분

종달새 하늘
밀밭처럼 파란 고전의 나라

가면 뒤의 얼굴처럼 숨어 있는
영혼의 언덕
이름 고운 비화가야

안개꽃 같은 낮달의 눈동자 속에
공주는 이슬처럼 잠들었다

사랑이 골동품처럼 버려질 순 없다
바람의 분노가 몰고 간 역사를
네잎클로버가 행운처럼 위로한다

세월의 꽃향기 사잇길로
살얼음 같은 운명이 걸어간다

사랑하는 나의 봄날

참새처럼 지저귀는
화사한 날

분실된 사랑의 진주 찾아
나비 세 마리 소풍을 간다

지혜의 꽃잎 흩날리는
빼꾸기 언덕 넘어

꽃처럼 하얀 행복

어물전 꼴뚜기 같은 잡다한 인생
바람잡이 문어에게 주어 버리고

눈물의 환희 같은
흰 꽃길
하염없이 날아간다

폭풍의 꽃

무서운 함성
사나운 빗방울
난폭한 애정처럼 날아 오는
사랑의 시련

아름다운 남풍이 쓰러지고
꽃의 미소가 부러진다

절망의 상처처럼 조각난 꽃잎이
핏방울처럼 흩날린다

고난의 시간이
생일잔치처럼 요란하다

비명처럼 꽃이 날아간다

장터 국밥집

물고기 마을을 방문한
산새의 감동처럼
인정 넘치는 함박웃음
맛있는 식사가 천막을 친다

주름진 입맛의 향기가 맴도는 세월은
사골처럼 우려졌다

단단한 겨울을 순식간에 풀어버리는
따뜻한 수증기처럼 포근하다

참새처럼 재잘대는 허기의 유혹이
눈밭의 고양이처럼 눈을 뜨고

장터 고목은 침착하게 지나가는
하늘을 바라본다

북어

추억의 발자국이 걸어간
오래된 시장 건어물집
잘 마른 북어 한 마리
어느 귀신의 술잔을 위로하러 왔을까

하늘 제물
제 몫의 역할을 충분히 마친 흔적이
검은 사향 연기처럼 말랐다

출생은 북해 연안

멀리도 왔다
인연의 길이 뭐라고
구름 따라 힘들게 왔을까

선명한 눈동자 속에
푸른 고래의 물결
아직 넘실대고 있을까

밤바다

매혹적인 바다 요정의 노래
섬세한 검은 물결

생각 없는 밤은
매미처럼 게을러진다

화려한 바다가
색종이 같은 바람의 창문을 연다

동그란 달이 춤추는 황금빛 무대
쾌락은 물방울처럼 단순하다

바람을 타고 날아가는 물빛
모든 것은 사랑의 도구에 지나지 않았다

허무하도록 쾌적한 공간
말 없는 생각이 달콤해진다

3부

하늘 우물 속으로
날아가는 새

하늘 우물 속으로 날아가는 새

회색 종이처럼 흐린 날
하늘 깊이 날아가는 새

아득하다

나는 간다
저승처럼 외롭다

청량한 목소리가
푸른 발자국처럼 뚝뚝 떨어진다

꿈처럼 살아온 기쁨을
영혼 없는 꽃에 던지며

새는 지워진다

경련처럼 우울한 바람이 불고
고려청자 같은 하늘에 실금이 갔다

몰락한 내일을 위해 희생하는 오늘의 헌신처럼

호화로운 자만의 날
아니다
저 그림은 아니다
저건 죽은 자의 시계

화려한 영혼
굽힐 줄 모르는 찬사
푸른 구름처럼 머물지만

차가운 빗소리에 젖어
따뜻한 커피와
촛불의 은은한 침묵을 사랑할 무렵

사랑은 예언처럼 어둡고
축축하게 젖어
휴지통에 버려진 인형 같은
자신을 바라본다

순결한 들국화가 어울리는 우리는
어둠 속에 피어난 흰 장미였다

수도승의 침묵

출구 없는 영성을 향한 수도원

바위에 찍힌 새 발자국 같은
성스러운 명상
눈 덮인 산처럼 하루를 보낸다

신의 가슴에서 피어나는
연민의 사랑처럼
흘러넘치는 샘물 같은 영혼

눈이 녹고
강이 흘러도
강이 말라도
이유를 묻지 않는
신성한 영혼의 눈동자를 바라보며
나는 죄인처럼 부끄럽다

누구를 위한 논쟁인가

정직한 표현의 전투가 시작되었다
목숨을 노린 직언의 표정이 화살처럼 날아온다
바위 밑으로 몸을 숨기는 비열한 그림자
조롱과 비웃음을 순결하게 지키고 있다
깊은 구멍 같은 눈동자
쉽게 부패하는 우유 같은 사상과
땀방울 같은 노동의 하루가 막걸리처럼 싸운다
눈물 많은 하늘처럼
가장 귀한 슬픔이 신부의 방을 찾는다
축제의 그늘이 남기는 쾌락의 찌꺼기 같은
악몽의 불꽃
목마른 두꺼비처럼 달변 아닌 달변의 우상
그곳에 생명의 진실은 없다

현명한 결정의 진실

새벽처럼 검은 회의실
주인 없는 주제
무거운 토론
단정한 이성으로 준비된 사회자는
평범한 질서의 항목을 넘겨 가며
정돈된 논쟁을 요구하지만
사선으로 튀어나온 분노한 주장과
아침을 굶은 신경질적인 테이블이 흔들리고
두려움이 창문 쪽으로 몰려간다
눈치를 보는 그림자들이 손을 든다
결정의 순간
호수에 박힌 말뚝 같은 침묵이 찾아오고
회의실을 떠나야 하는 시간이
일회용 하인처럼 문을 두드린다
바람도 예측할 수 없는 사막의 모래 언덕처럼
모든 일은 날치기 결정이었다
운이 좋았지
하늘이 도왔을까

부엉이의 노래

차가운 나무
마녀의 손가락 같은 가지 위에
검은 북소리처럼 퍼지는
부엉이 울음소리

밤새 불안한 잠을 잔다

그물에 갇힌 물고기처럼
이리저리 방황하는 생각

침묵의 수도승처럼
달빛 내려앉은 진실의 모닥불 속에
불행한 기분을 던지면
별의 천사처럼 기쁨이 찾아온다

상상과 현실이 충돌하는 지점에서
불행은 아주 쉽게 행운이 된다

인터넷 관광

그곳에는 활화산이 있고
다랑논이 있고
산 너머 몽골 평원이 있다
고비사막이 모래를 먹고
람사르 습지는 물을 마신다

눈부신 세상

나의 거처는 한 평 반
오늘도 손쉬운 책상에 앉아
자전하는 지구에 탑승한다

빈곤의 연민에 눈물 흘리고
풍요로운 햇살에 찬사를 보내며
손쉽게 지구를 바라본다

가난한 접시 위로 찌꺼기 같은 바람이 불고
불 꺼진 방
주인은 아직 돌아오지 않았다

조용한 방

햇살이 그림자 없는 도둑처럼
창으로 들어온다

허공에 맴도는 먼지 같은 침묵

영혼의 목소리가 공간을 흔든다
세상은 허상이다
불타는 낙엽 같은 목소리
진실은 존재하지 않는다

안개의 메아리는
상처의 환상으로 무서운 꽃을 키웠다

꿀벌의 창밖은
오일장처럼 소란스럽다
꽃이 필요한 날
솜사탕 같은 사랑을 사고
흰 손수건을 지불한다

사랑은 꽃을 꺾지 않았지만
영혼의 눈물 같은 추억은 창문을 닫는다

골목

세월은 고목처럼 쓰러졌다

그리움처럼 익숙한 풍경
내 마음속에 살고 있는 수많은 시절이
담장처럼 그어진 그림자놀이를 한다

모퉁이를 돌아 나오는 텅 빈 향기
울먹이는 아이처럼 남겨진 사랑
영원히 만나지 못한 운명의 배신
사랑이 있었다면 어느 때인들 만나지 못했을까

낡은 골목 화분에서 자란
비명 같은 꽃
투명하다
까맣게 말라가기엔
푸른 새 소리가 너무 아름답다

새들은 분노와 평화를 말하는 것을 무서워한다
아카시아 향기 적막한 골목이
장례식처럼 앉아 있다

나를 유혹하는 여행

까칠한 감정
장미는 가시처럼 싸늘하다

애처로운 눈길로 나를 바라보는
강아지 같은 여행 가방

화려한 귀족 은쟁반에 담긴
맛있는 거짓말에 침을 흘리며
베껴 쓴 자유처럼 나는 여행을 그리워한다

바람의 사거리를 걸어가는 푸른 카페
아랍 식탁에 앉은 파란 고양이
천문시계 동화 마을 날개 접는 철새

지친 생활의 거친 질문에 대답하는
금붕어 같은 기분이 꼬리를 흔든다

하늘 정원의 종소리가
히말라야 황새처럼 날아온다

방황하는 날들

흉가의 부엌을 지키던 믿음의 칼이 부러졌다
영혼의 간식처럼 달콤한 맹종의 우상
신을 둘러싼 권위는 먼지 같은 존재가 되어
어두운 구석에서 얼굴을 내민다
경악하는 형상
스스로 세운 깃대가 부러진다
믿음은 풀어 놓은 물처럼 흩어진다
배신이 남겨 놓은 차가운 상처
허무한 햇살 자국
분노한 슬픔이 허공에 뿌려지고
죽음의 경고장처럼 생명의 물이 줄어든다
운명을 만나야 하는 약속처럼
순종하는 진리에 갇힌 시간
차라리 위태로운 악몽의 구름다리 건너
기쁨을 만날 수 있다면
나의 영혼을 바치겠다

나의 공간, 나의 작은 구둣방

복잡한 세상
무성한 소음
무심한 가로수
도시에서 보기 드문 참새가 둥지를 틀었다

톡톡톡
구두 고치는 망치 소리
오십 년 된 라디오에서 흘러나오는
정겨운 대화가 나의 세상

톡톡톡
찢어지고 부러진 상처를 다듬는다
힘을 내라고
세상 별난 것 없다고 위로하며

톡톡톡
즐거운 라디오에선 하하 호호
나도 따라 히히 호호
닳아버린 소매처럼 낡은 라디오
언제 한번 크게 울어 본 적 없다

어머니

정겨운 바다 들판을 날아다니는
따뜻한 남풍

갈매기 고향처럼
홀로 남겨진 섬에 바람이 분다

아련한 수평선 날아가는 새 한 마리
저 애는 팔 남매 중 누구일까
침침한 눈동자에 환상이 어른거린다

돌아오지 않는 메아리
한 걸음 한 걸음 함께 걷는
외로운 꽃향기

공허하게 울려 퍼지는 파도의 노래

절벽 같은 동해 물결 일어서고
위로받지 못한 슬픔이 밀려온다

비슬산 석탑

철학자의 정원처럼 적막한 공간
오렌지 향기 같은 돌탑이 섰다

촛불처럼 달콤한 눈길
단단한 소원이 날개를 편다

하늘로 날아가는 침착한 기도
행복은 화려한 꽃을 바친다

광주리에 가득 담긴 어머니 소망 같은
지극한 돌탑

사랑이 없다면
인생은 초라한 허상이다

행복의 가치를 비교하지 않는
운명의 연등 같은 돌탑이 있다

가벼운 상처

꽃병에 실금이 갔다

쉽게 눈치채지 못한
가벼운 상처

꽃병은 스스로
상처를 치유할지 못한다

화려한 문양은 아픔을 감추고
죽음은 창문처럼 가깝다

물이 없어도 시간은 흘러가고
모래처럼 삭막한 감정

침묵의 공간에서
사랑이 조금씩 새어 나간다

황혼의 여백

석양이 붉은 꽃향기처럼 퍼진다

사랑의 증거를 보여주는
적막한 슬픔이 내민
대리석처럼 차가운 손

푸른 감정의 메아리 속에
세련된 새들이 날아가고
겨울 길목에 남겨진 빨간 꽃

마을로 가는 창백한 달이
가로등처럼 상냥하다

하루가 떠난 외로운 길
동굴 같은 어둠이 걸어온다

우울한 추억의 감정

휴지통에 버린 파인애플 같은
지나간 세월이 짙은 향기를 풍긴다

사라진 것
아까운 것
나무만 죽은 게 아니다
구름만 죽은 게 아니다

허무한 시간의 감성이
코끼리처럼 방으로 들어온다

빗자루에 쓸려 나간 낙엽의 저주처럼
모두가 떠난 방은 위험하다

추억의 경고장이 날아온
찬 바람 부는 날
창을 열면 비가 온다

바다가 영혼의 달집을 태운다

깡통처럼 구겨진 하늘

절망의 도미노 게임처럼
하루 또 하루가 무너져 왔다

가슴 속 불덩이 하나 바다에 던진다
비명이 몸부림치는 달집의 화염
활활 타오르는 바위
거대한 분노가 불꽃처럼 터진다

연기처럼 흩어지는 감정은
인연을 모르는 물고기처럼 사라졌다

갓 구운 빵처럼 신선한 나의 향기가
하늘 천사처럼 푸른 날개를 편다

석양의 원두막

태양의 불꽃 같은
모래시계가 타오른다

지친 감정의 여백으로 흘러가는
황홀한 노을

아름다운 감각의 그림자가
흰 뼈처럼 어두워지고
물결은 달의 골목으로 밀려온다

놀란 참새떼가 날아오르고
마른 모래처럼 지친 하루가
시원한 맥주처럼 부활하는 저녁

수녀원으로 가는 숲속 마을
철새의 목로주점이 등불을 켠다

바다가 꿈꾸는 계절

푸른 조개의 오후

농부는 가을처럼 뒤돌아본다
얼마나 먼 길을 왔는지
험난했는지
행복은 무엇이었는지

생각은 담쟁이덩굴처럼 뻗어나가
좁은 방을 누비는
일곱 마리 고양이처럼 복잡하다

한 줄기 바람이 밀밭을 지나가고
모래밭을 뒹구는 당나귀 같은
즐거운 일상이 몰려온다

명랑한 바다의 계절
쉬어가는 갯바위처럼
물결이 침착해진다

자유 그리고 희망,
당차고 간결한 은유의 메시지

정 영 자
(문학평론가. 한국문인협회 고문,
국제펜클럽 한국본부 고문)

| 해설 |

자유 그리고 희망, 당차고 간결한 은유의 메시지

– 김숙자 시인의 다섯 권째 시집 『바람의 꽃』을 읽으며

정영자

문학평론가. 한국문인협회 고문,

국제펜클럽 한국본부 고문

"지상의 정원으로 사계절이 지나간다.
나는 그네 의자처럼 꽃바람에 흔들렸다.
아무도 모르게 세월은 벽돌의 운명처럼 담을 세운다.
나무는 점점 자라 키가 커지고,
나무 그늘 속에서는 나무를 볼 수 없다.
새처럼 높이 날아야 나무를 볼 수 있다.
밤의 바닥을 긁는 소리.
죽음이 오는 소리도 듣지 못하였고,
가는 소리도 듣지 못하였다
생명을 위로하는 봄바람이 소리 없이 걸어온다.
상처의 마디마다 색다른 꽃을 피우진 않았지만,
세월이 가면 푸른 자태가 바람에 살랑거린다.
가지마다 하얀 웃음소리.

마음 가는 대로 답은 정해졌다.
간단하게 생각하자.
세상에서 가장 조용한 소리처럼 꽃잎이 떨어진다.
가장 화려한 날 꽃이 진다.
세월과 나는 두 송이 우아한 튤립처럼 서로 바라보았다."

— 김숙자 시집 『바람의 꽃』 시인의 말 전문

위의 글은 김숙자 시인의 다섯 권째 시집 『바람의 꽃』 서문이다. 시보다 더 아름답게 농축된 삶의 여정과 철학, 한 세월 치열하게 살다가 고요히 관조하는 넉넉한 시공간의 현재를 이미지화하고 있는 시와 같은 문장이다.

사계절이 연출하는 찬란한 지상의 현실에서 꽃바람에 흔들리면서도 나무처럼 성장한 지금을 성찰한다. 새처럼 높이 날아야 나무를 볼 수 있다는 단호한 결의는 "간단하게 생각하자.", "마음 가는 대로 답은 정해졌다."는 단답의 확신으로 그의 삶과 문학을 정리하는 글이다.

'새'의 특성을 이번 시집의 상징과 이미지로 활용하면서, 자성 높은 성찰과 세상의 폭과 깊이에 천착하는 시의 새로운 도전을 하고 있다.

그동안 그의 시는 다양한 평가를 받으며 이제 내공 있는 단단한 서정이나 상징으로서 개인이 아닌 시대의 물음에 응하는 담대한 사회의식까지 확대하고 있다.

김숙자 시인의 시는 생활 속에서 단단해져 간 삶의 노래이며 어떻게 살고 사랑해 왔는가를 간결하게 보여주는 자신의 삶이다.

조용하고 맑은 저녁이 걸어오는 정서 속에 외로움 못지않게 타는 노을의 엄숙하고 비장한 시간을 시인은 놓치지 않았다. 그의 시는 생활 속의 시이며 그 공간에서 울려 퍼진 영혼의 화답이며 절제된 압축의 시학을 통한 그리움을 노래한다.

그는 지나친 수식어의 남발, 과도한 영탄조의 올려치기, 의미 없는 언어 놀이 식의 자아도취적 함몰이 가져다주는 시 쓰기의 전형을 벗어나서 신선했다. 쉽게 말한다면 구질구질한 시 같은 흉내 내기에 전혀 관심을 가지지 않았다, 생활인으로서 수수한 삶의 가닥 가닥을 노래하였다. 발끝에서 꽃피는 시가 되어야 한다는 창작의 첫걸음을 그대로 실천하는 시인으로 삶의 철학을 통한 긍정적인 심성으로 활발한 창작활동을 하고 있다.

상징적 호응은 1대 1의 것이 아니라 항상 복수이며, 해석자에 따라 각각 다른 의미로 수용된다. 현대시의 한 특성인 서사구조의 남발 속에 지나치게 많은 표현의 질서를 단순하게 부각시켜 묘사하고자 하는 새로운 기법 활용이 돋보인다.

말이 많아야 할 필요가 없다. 표현은 적고 울림이 많은 시가 오히려 선호되는 시대에 말과 글을 자유롭게 절제하고 압축하는 김숙자 시인의 시는 일정 부분 성공하고 있다.

과묵하고 듬직한 믿음성을 섬세한 표현으로 풀어내는 능숙한 시의 언어를 사용하고 있기 때문이다.

김숙자 시인은 『문학도시』 2011년 9월호에 시인으로 데뷔하고 『두드릴수록 맛을 낸다』(2012), 『그 섬에 있었다』(2016), 『장미처럼 예쁜 날(2022), 『도서관 풍경』(2024)을 발간하고 다시 『바람의 꽃』(2025)을 펴낸다. 학구적이며 꾸준하게 공부하여 치열한 창작 수업과 여행을 통하여 새로운 문화와 역사 속에서 문학이 담아야 할 사명까지 생각하는 위치에 이르렀다. 일 년간의 〈부산여성문협 문예창작대학〉을 졸업한 이후 다시 대학의 국문과에 진학하여 새로운 시문학의 창작에 몰입했다. 더욱 단단하고 절제된 서정과 사유, 사회적 문제에 대한 지성인으로서 접근하는 열성, 생활인으로 수수한 삶의 가닥을 노래하였다. 발끝에서 꽃피는 시가 되어야 한다는 창작의 첫걸음을 그대로 실천하는 여행에서 많은 시를 건졌고, 삶의 철학을 통한 긍정적인 심성의 퍼짐이 조용하게 다가선다. 그러나 문명비판의 날카로운 사실성의 표현은 세상과 사람을 보며 선택하는 올곧은 시인의 정신세계를 가늠할 수 있다.

구름 위의 시가 아닌 지금 여기에 팔딱거리는 시의 숨결을 위하여 무심한 시의 노래가 필요하다. 그런 의미에서 김숙자 시인의 시 창고는 누구나 들락거릴 수 있는 평

등과 수수함의 친교를 우선으로 삼고 있다.

다섯 권째 시집 『바람의 꽃』에는 '새'라는 객관적 상관물이 많이 보인다. 소재로서 '새'의 이미지는 무엇일까

새에 대한 상징적 의미는 대부분의 지역, 종족, 문화권에서 긍정적이다. 새는 종종 하늘을 자유롭게 날 수 있기 때문에 자유를 상징한다. 그들은 또한 땅에 얽매이지 않는 살아있는 존재이기 때문에 정신을 상징할 수도 있다. 많은 문화권에서 새는 신성한 메신저로 간주되며 신과 소통할 수 있다고 믿었다. 자유, 행운, 빛의 세계, 초월적 세계, 영혼의 길잡이, 속박에서 벗어난 영혼, 신의 대리자나 사자, 혹은 신이나 정령의 화신 등이다. 새는 신과의 교류 및 신의 의지를 전달하는 이미지가 굉장히 강하다. 일반적으로 새는 지구의 경계를 쉽게 넘어 날아갈 수 있는 능력으로 인해 자유를 상징한다. 그들은 종종 하늘과 땅 사이의 간격을 메우는 메신저로 간주된다. 상징적으로 새는 사랑, 평화, 변화를 나타낼 수도 있다.

새는 수 세기에 걸쳐 많은 예술가와 작가에게 영감을 주었다. 영국의 시인 윌리엄 블레이크와 스페인 화가 파블로 피카소 역시 새의 영향을 받았던 예술가들이었다. 비상하는 자유, 그리고 날카로운 신과의 소통 메신저로서의 역할 등 신탁의 시인들이 꿈꿀 수 있는 상징을 김숙자 시인은 확실하게 보여주고 있다.

회색 종이처럼 흐린 날
하늘 깊이 날아가는 새
아득하다

나는 간다
저승처럼 외롭다

청량한 목소리가
푸른 발자국처럼 뚝뚝 떨어진다

꿈처럼 살아온 기쁨을
영혼 없는 꽃에 던지며

새는 지워진다

경련처럼 우울한 바람이 불고
고려청자 같은 하늘에 실금이 갔다

—「하늘 우물 속으로 날아가는 새」 전문

아득히 날아오르는 희망찬 새의 이미지는 결국 고려청자 같은 하늘에 실금으로 지워지는 역설적인 상실에 도달하고 만다. 간결하게 단호한 시적 자아의 세계를 표현함으로써 강렬한 은유와 상징을 내포한다. 의미가 더욱 뚜렷하게 투영된다. 날아가는 새의 외로움, 그것은 영혼 없이 살아온 삶의 부정이며 자유롭던 기쁨의 상실이다. 가치 있는 세계의 몰락은 "고려청자 같은 하늘에 실금"가는 회한의 역사이기도 하다. 간결하고 단아한 문체와 단호한 서사구조를 보여준다.

아름다운 곡선처럼 꽃이 피었다

안개 속을 걸어가는 풍란
세월의 흔적이 흰 꽃보다 선명하고
바라보는 나의 심장이 짜릿하다
새들은 고운 입술로
향기의 노래를 부른다

길고 외로운 운명의 오솔길
지상에 남아야 할 예언처럼 수탉이 울고
봄바람 같은 나는 영원한 그리움에 취한다

다음 생을 위하여 꽃은
가장 아름다운 형상을 남긴다

—「바람의 꽃」 전문

'바람의 꽃'은 풍란이다. 우리나라 남쪽 지방의 섬에 있는 바위나 나무에 붙어산다. 운무와 습도, 그리고 향기가 짙은 입술 모양의 둥근 꽃은 꽃부리가 혀를 닮아 마치 새가 자신의 입으로 노래를 부르며 향기를 풍기는 정경을 섬세하게 표현하고 있다. 풍란이 지닌 신이거나 예술적인 형상을 노래하며 "봄바람 같은 나는 영원한 그리움에 취한다"는 시적 자아는 다음 생을 위한 하나의 형상으로 풍란을 지칭하고 있다. 자유의 표상인 새의 형상이 풍란에서도 언급될 정도로 새의 이미지는 이 시집에 자주 등장하는 고정 시어가 되고 있다.

직선과 곡선은 서로 다른 특징과 활용도를 가지고 있으며, 상황에 따라 적절히 선택된다. 직선은 간결하고 명확한 메시지를 전달하며, 효율성과 실용성을 강조하지만, 곡선은 유연하고 자연스러운 느낌을 제공하며, 감성적이고 창의적인 디자인에 주로 사용된다.

내면의 가치, 경험의 질, 그리고 다채로운 감정들이 얽히고설켜 궁극적으로 우리 각자에게 의미 있는 아름다움을 창조한다.

과거의 관념에 얽매이지 않고, 다양성을 수용하는 것이 중요하다. 흔히들 곡선을 신의 선이며 예술적인 감각이라고 말한다. 줄기와 뿌리에서 새롭게 태어난 풍란의 꽃은 하늘로도 오르고 아래로도 내리는 균형을 가지면서 천상과 지상을 함께 아우르는 미적 질서에 빠져 있다.

김숙자 시인의 초기 시는 생활시의 범주를 문학적인 공감으로 펼쳤으나, 차츰 내공 있는 지성적 단단함을 가지고 시의 서사구조를 철학적인 미학 구조로 만들어 가고 있다. 모양과 향기, 자유와 질서의 편안함마저 수용하는 그의 시적 성취는 성공하고 있다.

서쪽으로 새가 날아간다

멀리멀리
까마득히 사라지는 별빛 천사처럼
작아져 간다

가방 하나 없이
반지 목걸이도 없이
호주머니 속에 동전 한 닢 없는

순수한 새가 날아간다

흰 그림자마저 사라지고
솜털 같은 추억 하나 남겨 놓지 않았다

후회 없는 새가 날아간다
나는 안개처럼 서러웠다

—「영혼의 향기처럼 날아가는 새」 전문

위의 시는 불교적 사유가 바탕에 깔린 시이다. 서쪽은 서방정토, 죽어서 가는 극락이다. 중생들은 모두가 극락이나 천당을 가기를 소원하며 늘 그렇게 기도한다. 이 시에도 '새'가 주제어가 되어 삶의 성찰을 이루어내고 있다. 걸림이나 소유가 아닌 가볍게 사는 새의 이미지를 노래하며 탐진치로 무거워진 나의 현재를 서러워 하는 보살

행이 드러나고 있다. 멀리 서쪽으로 가마득히 사라지는 새를 바라보며 새의 가벼운 몸짓에 주목한다. 가방, 반지, 목걸이, 동전 한 잎 없는 새의 소유하지 않는 생활과 온갖 욕심으로 무거워진 탐진치의 '나'를 대비하고 있다. 그림자 마저 사라지고 솜털 같은 추억 하나 남겨 놓지 않은 새의 향기로운 비상에 시적 자아의 서러운 생을 대입시켜 놓고 있다. 그의 회한은 절규나 한탄 없이 조용하게 새 한 마리의 비상으로 시작되어 종이비행기처럼 날아가는 새의 비상으로 끝나고 있다.

정직한 표현의 전투가 시작되었다.
목숨을 노린 직언의 표정이 화살처럼 날아온다
바위 밑으로 몸을 숨기는 비열한 그림자
조롱과 비웃음을 순결하게 지키고 있다
깊은 구멍 같은 눈동자
쉽게 부패하는 우유 같은 사상과
땀방울 같은 노동의 하루가 막걸리처럼 싸운다
눈물 많은 하늘처럼
가장 귀한 슬픔이 신부의 방을 찾는다
축제의 그늘이 남기는 쾌락의 찌꺼기 같은
악몽의 불꽃
목마른 두꺼비처럼 달변 아닌 달변의 우상
그곳에 생명의 진실은 없다

―「누구를 위한 논쟁인가」 전문

김숙자 시인의 정치적이고 사회적인 비판적 성찰은 원래부터 날카로웠다. 논쟁을 넘어 달변의 허상을 고발한 위의 시는 '표현의 전투', '직언의 화살', '비열한 그림자', '조롱과 비웃음', '쉽게 부패하는 우유 같은 사상', '축제의 그늘이 남기는 쾌락의 찌꺼기', '달변의 우상'으로 고발되고 있다. 달변이 가지는 허상은 결국 진실성의 결핍이다.

"능숙하여 막힘이 없는 말. 말을 능숙하고 막힘이 없이 잘하는 사람"을 달변가라고 한다. 미디어 시대의 총아는 역시 영상 매체에 나와서 막힘 없이 말을 잘하는 사람을 말하는데 지금의 정치에는 진정성이 없이 그때그때 필요성에 의하여 유창하게 넘어가는 기교적인 말솜씨가 판을 치고 있다. 청중들은 깊게 생각할 시간조차 버린 체 말의 기교에 빠져드는 달변의 쇼에 넘어가는 수가 많다.

김숙자 시인의 내공이 닦여진 시의 세계는 이제 다시 새로운 울림으로 단단한 서사와 공감으로 독자들과 함께 할 것이다.